Timothée

L'éléphant aux grandes oreilles

Stéphanie L.

Timothée

L'éléphant aux grandes oreilles

Livre jeunesse

Editions: BoD – Books on Demand, info@bod.fr
Impression : BoD – Books on Demand, In de Tarpen 42, Norderstedt (Allemagne)

Impression à la demande

Illustration : © Canva Stéphanie L.

ISBN : 978-2-3225-3960-4
Dépôt légal : Juin 2024

Dans la jungle vit un petit éléphant appelé Timothée. Timothée est différent des autres éléphants.

Ses oreilles ne pendent pas paisiblement sur ses côtés comme les autres, mais bougent sans cesse, comme des feuilles dans le vent.

Cela, le rend unique, mais
aussi un peu triste.

Les autres éléphants se moquent de lui et l'appellent "Timothée Oreilles Folles".

Un jour, Timothée rencontre une vieille tortue nommée Agathe. Agathe est connue pour sa sagesse et sa gentillesse. Timothée lui raconte sa peine et sa solitude.

Agathe l'écoute attentivement et lui dit:
– Timothée, tu n'es pas fou, tu es différent. Et c'est ta différence qui te rend spécial.

Timothée ne comprend pas vraiment ce que veut dire Agathe. Il se sent toujours différent et rejeté.

Agathe lui explique alors que tous les animaux de la jungle ont des talents et des faiblesses différents.

Par exemple, les lions sont forts et courageux, mais pas très futés. Les singes sont agiles et habiles, mais pas très forts.

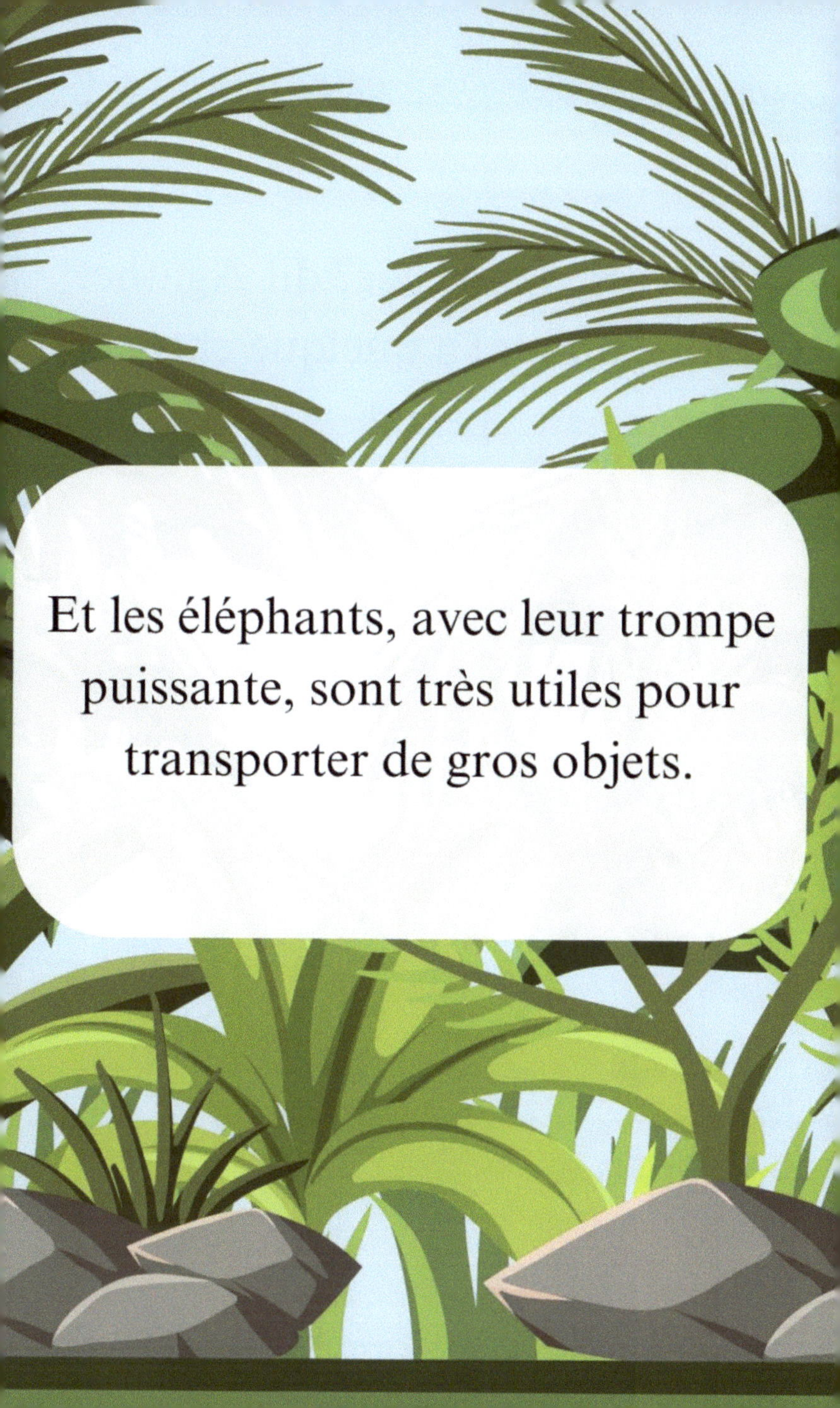

Et les éléphants, avec leur trompe puissante, sont très utiles pour transporter de gros objets.

–Tu vois, Timothée? dit Agathe. Chaque animal a quelque chose de spécial.

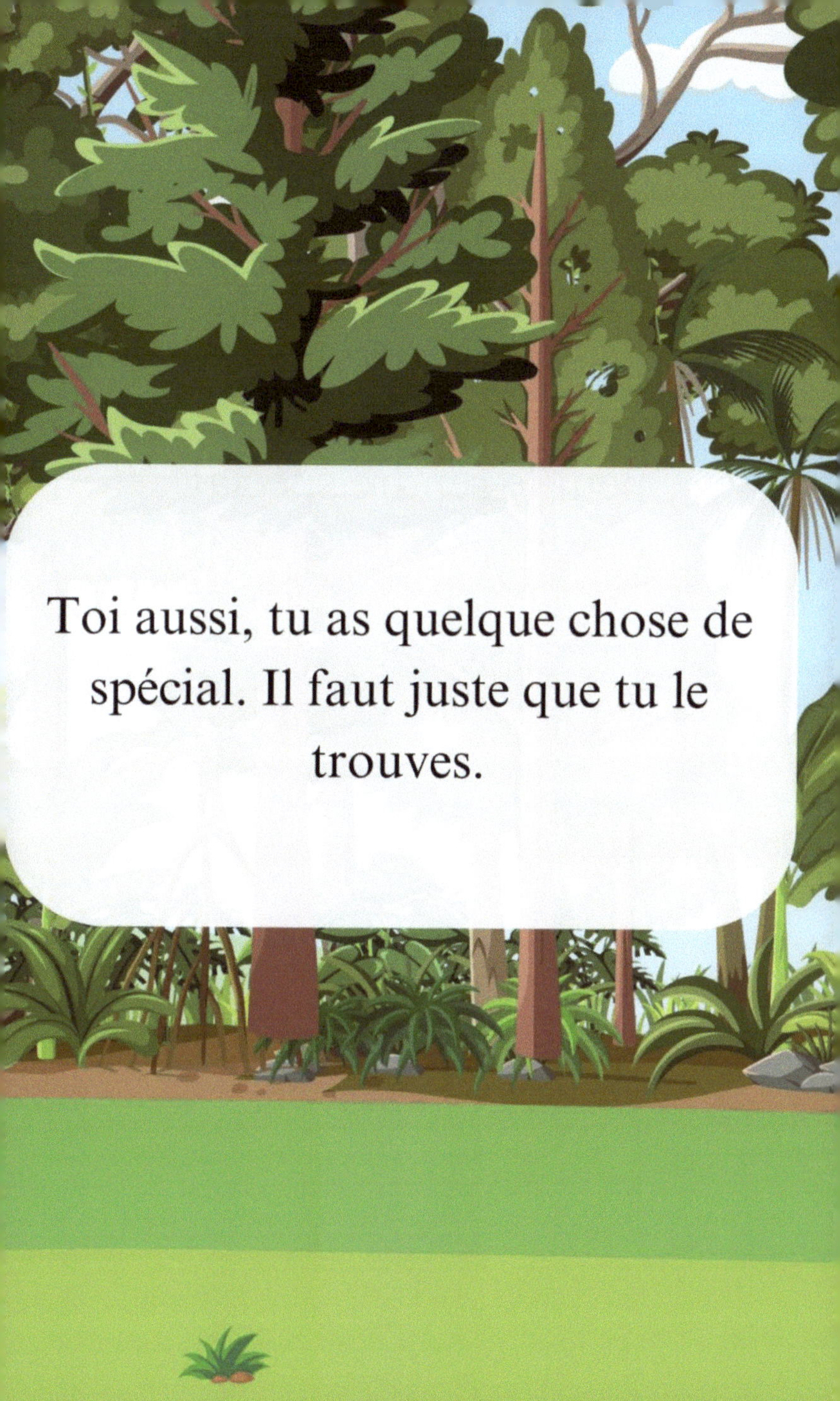
Toi aussi, tu as quelque chose de spécial. Il faut juste que tu le trouves.

Timothée réfléchit aux paroles d'Agathe. Il se demande ce qui peut le rendre spécial.

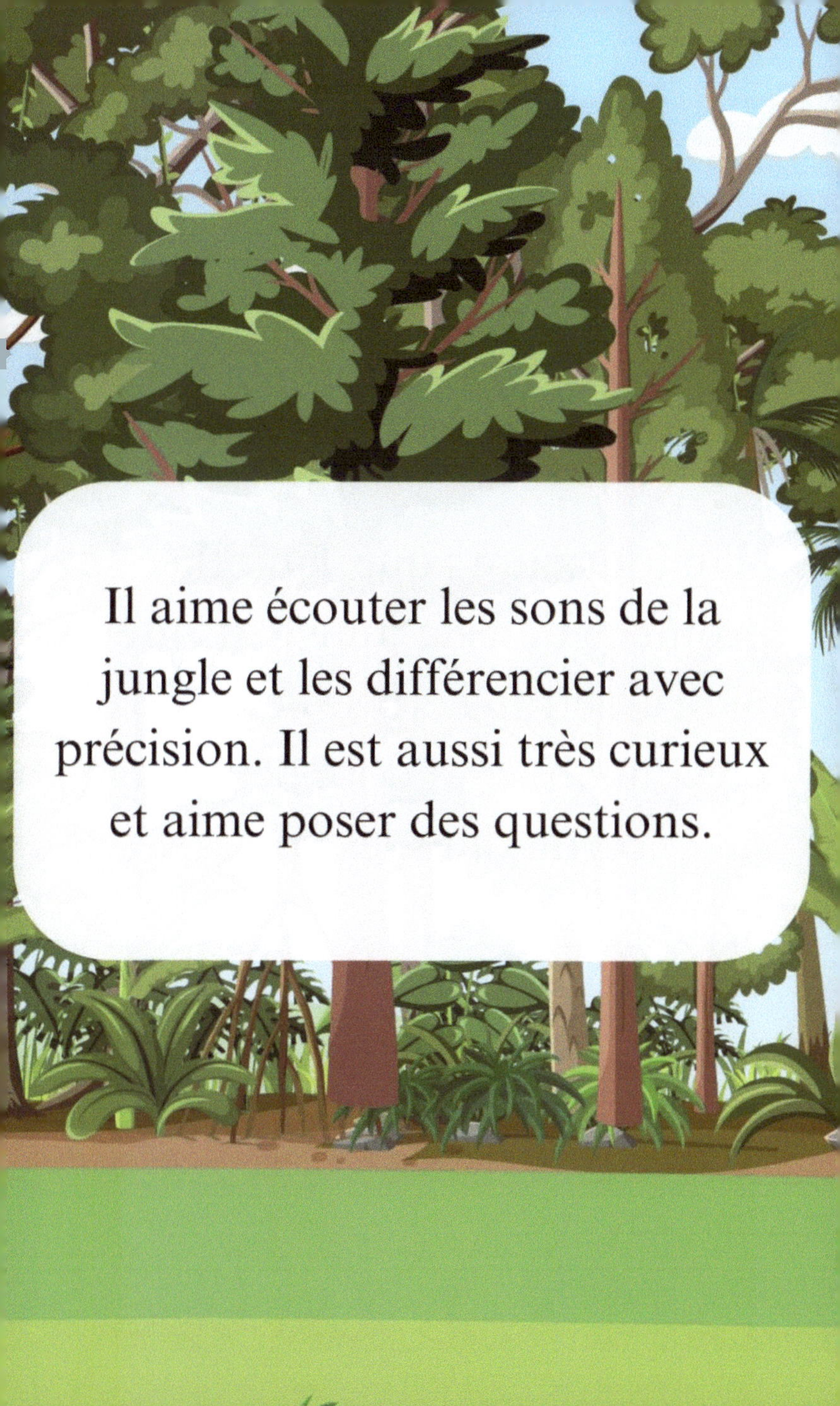

Il aime écouter les sons de la jungle et les différencier avec précision. Il est aussi très curieux et aime poser des questions.

Un jour, alors que Timothée se promène dans la jungle, il entend un bruit étrange. Il se concentre et reconnaît le cri d'un petit singe perdu dans les arbres.

Timothée alerte immédiatement les autres singes, qui peuvent retrouver leur petit grâce à ses grandes oreilles et à son excellente ouïe.

Les singes sont reconnaissants
envers Timothée et le remercient
de les avoir aidés.

Timothée comprend alors qu'il a un talent spécial: il a une ouïe extraordinaire. Il peut utiliser ses talents pour aider les autres animaux de la jungle.

Désormais, Timothée ne se sent plus différent ni gêné. Il est fier de sa différence et de ses talents. Les autres animaux de la jungle le respectent et l'apprécient pour ce qu'il est.

Timothée a appris une importante leçon: la différence n'est pas un défaut, c'est une richesse et une force.

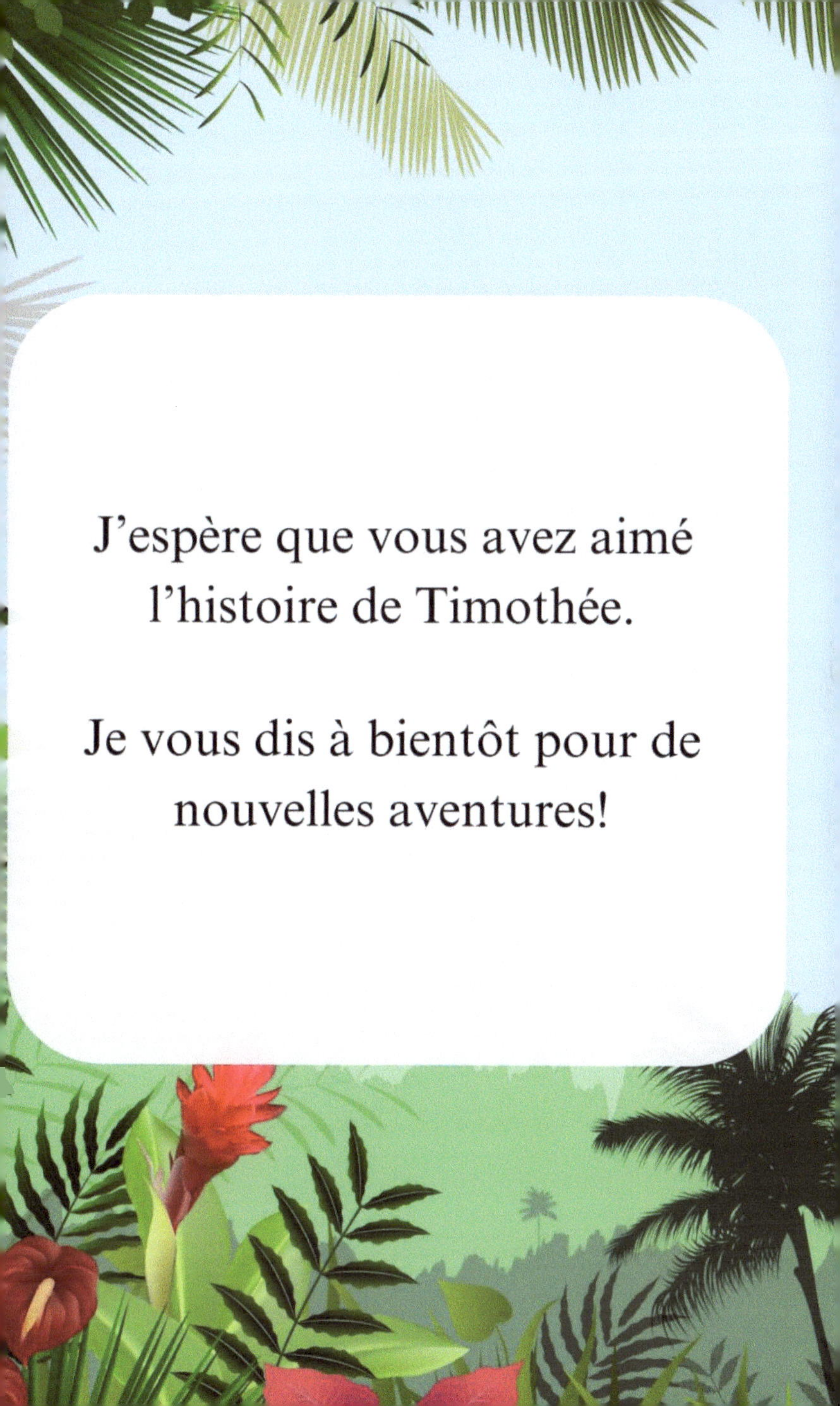

J'espère que vous avez aimé l'histoire de Timothée.

Je vous dis à bientôt pour de nouvelles aventures!